Dipl.-Ing. Ramona B. Wagner

EFT – Emotionale Freiheit

Omega

Bibliographische Information der Deutschen Bibliothek

Die Deutsche Bibliothek verzeichnet diese Publikation in der Deutschen Nationalbibliografie;
detaillierte bibliografische Daten sind im Internet über http://dnb.ddb.de abrufbar.

1. Auflage September 2003

Covermotiv: Getty Images

Satz und Gestaltung: Martin Meier

ISBN: 3-930243-29-6

Druck: FINIDR, s. r. o., Český Těšín, Tschechische Republik

Dieses Buch wurde nach den Regeln der alten Rechtschreibung verfaßt.

Omega®-Verlag, Gisela Bongart und Martin Meier (GbR)

D-52080 Aachen • Karlstr. 32
Tel: 0241-168 163 0 • Fax: 0241-168 163 3
e-mail: info@omega-verlag.de
www.omega-verlag.de

Inhaltsverzeichnis

Vorwort

In den letzten Jahren hat sich in den USA ein Zweig der Psychologie etabliert, der auch im deutschsprachigen Raum unter den Bezeichnungen Energetische Psychologie, Meridiantherapie oder Klopfakupressur immer größere Aufmerksamkeit erfährt.

Das vorliegende Buch von Ramona B. Wagner beschäftigt sich mit dem wohl verbreitetsten Vertreter der Energetischen Psychologie, der Emotional Freedom Technique (EFT).

Die Vorteile dieser Selbstheilungstechnik liegen im Vergleich zu anderen energetischen und auch konventionellen Verfahren in ihrer Einfachheit, ihrer Effizienz, ihrem Anwendungsspektrum und nicht zuletzt bei den Menschen, die diese Methode nutzen.

Der Vision und selbstlosen Arbeit ihres Begründers Gary Craig ist es zu verdanken, daß EFT weltweit einen immer größeren Bekanntheitsgrad erfährt und jedermann zugänglich ist.

Er sowie Silvia Hartman und Patricia Carrington – um nur zwei weitere EFT-Anwenderinnen zu nennen – sind ständig damit beschäftigt, EFT weiterzuentwickeln, zu modifizieren und zu verbessern.

EFT- Emotionale Freiheit von Ramona B. Wagner ist meines Erachtens der ideale Einstieg in die Methodik des EFT und gleichermaßen geeignet für interessierte Laien, Berater und Therapeuten. Auf leicht verständliche und nachvollziehbare Art und Weise erklärt sie das Wesentliche des EFT-Verfahrens, so daß der Leser sofort mit der Umsetzung beginnen kann.

Ich hoffe und wünsche Ramona B. Wagner, daß es ihr mit diesem Buch gelingt, EFT – ganz nach Gary Craigs Vision – vielen Menschen nahezubringen.

Viel Spaß und Erfolg auf Ihrem Weg zur Emotionalen Freiheit!

Christian Reiland

Heilpraktiker (Psychotherapie), EFT – CC
Email: c.Reiland@12move.de

Wichtiger Hinweis – Selbstverantwortung

Da bei EFT weder chirurgische Eingriffe vorgenommen, noch Nadeln oder Medikamente angewandt werden oder körperliche Strapazen ertragen werden müssen, kann man davon ausgehen, daß sich die Nebenwirkungen in Grenzen halten.

Deshalb ist aber noch nicht sicher, daß bei Ihnen oder den Menschen, denen Sie mit dieser Methode helfen wollen, auch keine Nebenwirkungen auftreten.

Bitte machen Sie sich deswegen folgende Punkte bewußt:

1. Sie müssen die volle Verantwortung für Ihr emotionales und körperliches Wohlbefinden übernehmen.
2. Ebenso müssen Sie alle, denen Sie mit EFT helfen, darauf hinweisen, daß auch sie voll selbstverantwortlich für ihr emotionales und körperliches Wohlergehen sind.
3. Sie müssen zustimmen, daß Sie mich und alle anderen, die mit EFT arbeiten, von allen Schadensersatzansprüchen freistellen, die irgend jemand stellt, den Sie mit EFT behandelt haben.

4. Wenn Ihnen Ihr gesunder Menschenverstand sagt, daß Sie mit einem Problem überfordert sind, holen Sie sich Unterstützung bei einem erfahrenen Therapeuten.

Falls Sie nicht allen vier Punkten zustimmen können, legen Sie bitte dieses Buch weg.

1. Wie ich zu EFT gekommen bin

Auf einer meiner Fortbildungsseminare lernte ich den Fachtherapeuten für Psychotherapie (HP) Christian Reiland kennen, ein Experte der Energetischen Psychologie. In den Pausen erzählte er von verschiedenen Klopfpunkten und Übungen. Dies verwirrte mich zunächst, und ich beschloß deshalb, mich mit dieser Methode nicht weiter zu beschäftigen.

Nach unserem Seminar schickte mir Christian Reiland einige Video-CDs von Gary Craig und Videos von Fred Gallo, die ich mit Interesse anschaute. Aber ich konnte nicht so recht glauben, daß diese Techniken so einfach funktionieren sollen.

In der darauffolgenden Woche hatte ich eine Klientin, die zu Beginn der Sitzung über Kopfweh klagte. Da ich wußte, daß sie offen für Neues ist, fragte ich sie, ob sie auf eine „abgefahrene Art" versuchen möchte, ihr Kopfweh loszuwerden. Sie willigte ein, und so probierte ich einfach mein Glück mit dem EFT-Konzept. Nach wenigen Minuten waren ihre Schmerzen weg! Ich war selbst total verblüfft.

Nun wollte ich wissen, ob sie vielleicht zufällig auch eine Phobie hätte, denn ich wußte von den CD-Roms, daß EFT bei Phobien besonders gut ansprechen soll. Sie hatte eine Schneckenphobie, die wir in einer halben Stunde lösen konnten – und das, obwohl ich eigentlich gar keine Ahnung hatte!

Seitdem habe ich mich intensiv mit Energetischer Psychologie befaßt, wobei sich EFT schnell als meine Methode der Wahl herauskristallisierte, weil sie so einfach ist und auf komplizierte Diagnoseverfahren und Hintergrundwissen über das Meridiansystem verzichtet. Deshalb können es auch meine Klienten sehr schnell lernen und selbst anwenden. Die Erfolge, die ich mit EFT erzielt habe, wären auf andere Weise bestimmt nicht so schnell und einfach möglich gewesen, und auch für mich selbst greife ich immer gern auf EFT zurück. Egal, ob ich leichter Französischvokabeln lernen, Ärger oder einen steifen Nacken loswerden, leichter auf Kuchen und Schokolade verzichten will oder Mut brauche, um meine eigenen Grenzen zu überschreiten – EFT macht es möglich!

An dieser Stelle möchte ich mich auch bei Gary Craig bedanken, der mir seine freundliche Erlaubnis gegeben hat, sein Wissen für dieses Buch zu verwenden, damit auch im deutschsprachigen Raum viele Menschen seine wunderbare Technik kennenlernen und für ihre emotionale Freiheit nutzen können. Denn er sagt: „This is just too good to keep to ourselves. Everyone should know about it and have a chance to be able to help themselves in a moment of crisis or of desperation.“ (Es ist einfach zu gut, um es für uns zu behalten. Jeder sollte darüber Bescheid wissen und die Chance haben, sich in einem Moment der Krise oder der Verzweiflung selbst helfen zu können.)

2. Die Entwicklung von EFT

Alle Lebewesen haben neben ihrem physischen auch einen elektrischen Körper, der sich z. B. mit EEG (Gehirnströme) oder EKG (Herzströme) sichtbar machen läßt. Auch die Reizübertragung innerhalb unseres Nervensystems beruht auf der Weiterleitung von elektrischen Impulsen (Aktionspotentialen und Ruhepotentialen). Ohne sie könnten wir weder sehen noch fühlen oder uns bewegen – wir könnten nicht leben.

Die Chinesen wußten schon vor 5000 Jahren von Energieleitungsbahnen, den Meridianen, durch die die universelle Lebensenergie – „Chi“ genannt – fließt. Das Wissen über das komplexe Meridiansystem, das unseren Körper durchzieht, ist die Grundlage der östlichen Medizin und auch der modernen Akupunktur, Akupressur und vieler anderer Heilmethoden. Stellen Sie sich die Meridiane als Flüsse vor. Ihr Zustand wird direkt vom körperlichen und seelischen Befinden beeinflußt. Störungen in diesen Bereichen führen zu Stauungen oder Blockaden im „Energiefluß“. Wenn man es schafft, das Meridiansystem durch Ausleitung überschüssiger negativer Energien wieder ins Gleichgewicht zu bringen und damit das Energieniveau des gesamten Körpers anzuheben, lösen sich automatisch auch die Spannungen in Körper und Geist, und man wird wieder ruhig und ausgeglichen.

Vor diesem Hintergrund entwickelte der amerikanische Psychologe Dr. Roger J. Callahan in den 80er Jahren seine „Thought Field Therapie" und begründete damit einen völlig neuen Zweig der Psychologie, die „Energie-Psychologie". In die subtile Arbeit mit den Meridianen integrierte er Elemente der Hypnotherapie, des NLP, der Kinesiologie und anderer neu entwickelter Techniken.

Die wichtigste Aussage seiner Theorie ist folgende Erkenntnis:

Die Ursache für alle negativen Emotionen liegt in einer Störung des Energiesystems unseres Körpers.

Das bedeutet, daß nicht irgendein traumatisches Erlebnis aus der Vergangenheit unsere negativen Gefühle auslöst. Hier unterscheidet sich die Energetische Psychologie von den meisten psychologischen Ansätzen. Deshalb ist es auch nicht nötig, die „Ursprungserlebnisse" durchzuarbeiten und immer wieder neu zu durchleiden.

Der energetische Ansatz geht davon aus, daß die Erinnerung an solch ein Erlebnis eine Störung im Energiesystem des Körpers verursacht, die dann das Unwohlgefühl auslöst. Wenn man es schafft, den Zwischenschritt (Störung des Energiesystems) zu beheben, kann auch keine negative Emotion entstehen.

Klassische Psychologie:
Erinnerung ⇨ negatives Gefühl

Energetische Psychologie:
Erinnerung ⇨ Störung des Energiesystems ⇨ negatives Gefühl

Dies erklärt auch, warum verschiedene Personen auf gleiche Erlebnisse unterschiedlich reagieren. Nur bei einem Teil führt die belastende Erinnerung zu einer energetischen Störung – und diese Menschen reagieren mit „Streß". Die anderen können an das gleiche Ereignis zurückdenken und emotional im Gleichgewicht bleiben, weil es keine Störung in ihrem Energiefluß auslöst.

Eine andere Konsequenz aus dieser Erkenntnis ist die Tatsache, daß die unterschiedlichsten unerwünschten Gefühle (Kummer, Ärger, Wut, Ängste, geringes Selbstwertgefühl usw.) die gleiche Ursache haben, nämlich das energetische Ungleichgewicht. Deshalb können sie auch alle gleich behandelt werden (durch Beklopfen bestimmter Meridianpunkte mit den Fingerspitzen) – und das vereinfacht diese Heilmethode enorm!

Auf dieser Basis entwickelte der Ingenieur Gary Craig die Methode „Emotional Freedom Techniques (EFT)", die eine nachweisbar schnelle und dauerhafte Besserung bei vielen Problemen erzielt. Bei EFT wird ein und dieselbe Basis-Klopfroutine, die alle 14 Meridiane anspricht, für die verschiedensten Probleme angewandt. Dadurch wird eine Diagnose, welche Meridiane behandelt werden müssen, überflüssig. Denn selbst, wenn ein Meridian beklopft wird, der schon im energetischen Gleichgewicht war, schadet das nicht. Vielmehr ist man grundsätzlich auf der „sicheren Seite", daß kein wichtiger Meridian übergangen wurde.

Lassen Sie mich betonen, daß diese neue Methode nicht jedes Problem für jeden löst. Dennoch erzielen auch Anfänger, die nur das „Grundrezept" anwenden, in 50 Prozent der Fälle deutlich erkennbare Erfolge oder auch eine vollständige Lösung der Probleme. Dieses Grundrezept ist für jeden (sogar für ein Kind) auch ohne medizinische oder psychologische Vorkenntnisse leicht und schnell erlernbar und kann sofort auf die persönlichen Probleme angewandt werden. Diejenigen, die die „Kunst der Anwendung" beherrschen, erfreuen sich einer Erfolgsquote von über 80 Prozent – auch bei schweren Fällen wie Posttraumatischen Belastungsreaktionen, Phobien, Vergewaltigung und Trauer.

Interessanterweise beschränkt sich der Erfolg nicht nur auf emotionale Themen. Wie man feststellen kann, wird durch die Erleichterung von

Ärger, Angst oder Traumen auch eine Besserung der physischen Beschwerden bewirkt. EFT ist auch in der Behandlung von Ängsten, Depression und Mißbrauch erfolgreich. Zusätzlich berichten EFT-Profis über beeindruckende Ergebnisse bei Süchten, Übergewicht und sogar Psychosen.

Auch wenn EFT unser herkömmliches Weltbild sprengt – die Ergebnisse sind einfach bemerkenswert.

3. Die Einsatzmöglichkeiten von EFT

Wie bereits erwähnt, kann EFT sowohl für emotionale als auch für körperliche Beschwerden (die meistens auch eine psychische Komponente haben) eingesetzt werden.

EFT wird unter anderem bei folgenden Situationen erfolgreich angewandt:

- **Phobien**, traumatische Erinnerungen
- **Ängste** wie Flugangst, Platzangst, Redeangst u.v.a.
- Linderung von **Schmerzen** (u.a. Kopfschmerzen, Migräne, Arthritis, Rückenschmerzen, steifer Nacken oder Schultern, Gelenkschmerzen)
- Heilung **körperlicher Probleme** (u.a. chronische Müdigkeit, Schlaflosigkeit, Psoriasis, Asthma, Allergien, Entzündungen, Ausschläge, Verstopfung, Darmprobleme, Sehschärfe, Muskelversteifungen, Schwitzen, mangelnde Konzentration, Arthritis, Zittern, MS)
- **Süchte** nach Kaffee, Tee, Süßigkeiten, Rauchen, Alkohol, Medikamenten
- **Gewichtsprobleme**
- **Allergien**
- **Depression** und **Traurigkeit**

- **Kummer** und **Trauer**
- **Schuldgefühle**
- **Schlafstörungen**
- **Alpträume**
- **Negative Erinnerungen**
- **Zwanghaftes Verhalten** und wiederkehrende belastende Gedanken
- **Geringes Selbstwertgefühl**
- **Ärger**
- **Verbesserung von Spitzenleistungen** (Beruf, Sport, Musik)
- **Lernblockaden** (auch Prüfungsangst, ADS, Dyslexie)

Prinzipiell gilt: Probieren Sie es mit allem! Die Einsatzmöglichkeiten sind mit obigen Beispielen bei weitem nicht ausgeschöpft. EFT kann eingesetzt werden, um unerwünschte Emotionen aufzulösen, aber auch um erwünschte Einstellungen aufzubauen.

Um EFT anwenden zu können, muß man nicht erst stundenlang meditieren oder irgendwelche Übungen machen. Am besten beginnen Sie sofort, wenn Sie mitten im „Problem" stecken, denn in diesem Moment haben Sie direkten Zugriff auf alles, was Streß auslöst – und helfen sich, schnell aus Ihrem „Tief" herauszukommen.

4. Die Basis-Klopfroutine

Bei der Basis-Klopfroutine handelt es sich um einen einfachen, leicht zu erlernenden Behandlungsablauf, der auf alle körperlichen und seelischen Probleme angewandt und je nach Bedarf mehrmals wiederholt wird. Ihre Aufgabe liegt in der Harmonisierung des Energiesystems des Körpers. Damit fällt die Ursache für die negative Emotion weg, und die psychischen und körperlichen Beschwerden können sich auflösen.

Dieses Grundprogramm besteht aus folgenden Elementen:

1. Die Einstimmung
2. Die Sequenz
3. Die 9-Gamut-Folge
4. Die Sequenz (Wiederholung von 2.)

Wenn Sie diese Routine beherrschen, dauert ein Durchgang nur etwa ein bis zwei Minuten.

4.1 Die Einstufung des Problems

Bevor Sie ein Problem behandeln, ist es wichtig, seine Intensität in einer meßbaren Größe zu erfassen.

Sie beurteilen den Streß, den Sie **jetzt im Moment** empfinden (z. B. wenn Sie an ein bestimmtes Ereignis denken oder den Schmerz fühlen) auf einer Skala von 0 bis 10. Dabei steht 0 für überhaupt keinen Streß und 10 für den schlimmsten Streß, den Sie sich bezüglich dieses Themas vorstellen können.

So bewerten Sie starke Beschwerden mit 8 oder 9, während ein leichtes Unbehagen bei 3 liegen kann.

Bei Kindern kann folgende Skala verwendet werden:

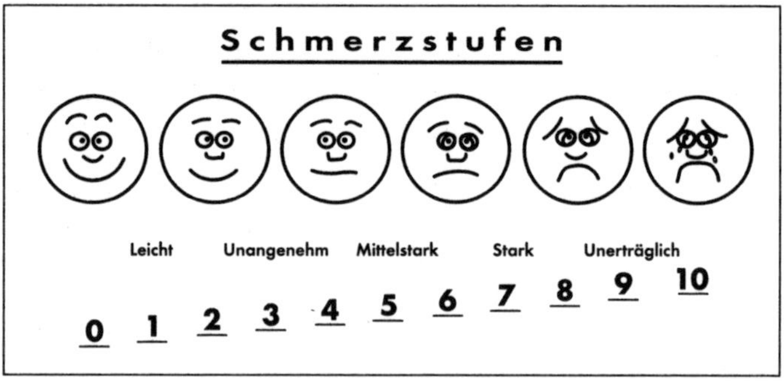

Dabei deutet das Kind auf das Gesicht, das seinen momentanen Zustand am besten zeigt (es kann auch zwischen zwei Gesichter deuten).

Alternativ kann es mit seinen Händen die Schwere des Problems deutlich machen. Je weiter es die Handflächen auseinander hält, um so größer ist der Streßwert. Wenn beide Handflächen sich berühren, ist der Streßwert gleich 0.

Am Ende eines Durchgangs der Basis-Klopfroutine bewerten Sie Ihr Problem erneut. Ist es schwächer geworden? Ziel ist es, bis auf 1 oder 0 herunterzukommen. Das bedeutet, Sie haben emotionale Freiheit in bezug auf dieses Thema gewonnen.

Wenn Ihr Streßwert nach wenigen Durchgängen EFT von einer 7 oder 8 auf 0 gefallen ist, ist das eine faszinierende Erfahrung. Sie werden Sie öfter machen, als Sie es sich vorstellen können!

4.2 Die Einstimmung

Die Einstimmung ist die Vorbedingung dafür, daß EFT überhaupt wirken kann, denn sie behebt eine eventuell vorhandene Psychologische Umkehr. Psychologische Umkehr (PU) bedeutet, daß die betroffene Person unbewußt ihre eigenen Ziele sabotiert, z. B. wenn sie viel nascht, obwohl sie abnehmen will.

Solange eine PU vorliegt, ist das Energiesystem wie „falsch gepolt" und kann nicht behandelt werden, d. h. keine Therapie wirkt (dies ist oft bei chronischen Krankheiten, Süchten und Depressionen der Fall). Sie wird durch sinn- und zweckloses negatives Denken hervorgerufen, kann aber auch bei Menschen auftreten, die prinzipiell optimistisch eingestellt sind.

Normalerweise liegt nur in ca. 40 Prozent der Fälle eine PU vor, aber die Basis-Klopfroutine schließt die Einstimmung immer ein, denn selbst wenn keine PU vorliegt, schadet es nicht. Falls aber eine PU vorhanden ist, ist ihre Aufhebung eine unentbehrliche Voraussetzung dafür, mit dem Klopfen eine Erleichterung unseres Problems erreichen zu können. Außerdem ist der Zeitaufwand für die Einstimmung so gering (ca. acht Sekunden), daß wir uns diesen „Luxus“ auf jeden Fall leisten können.

Die Einstimmung funktioniert folgendermaßen: Sie suchen den „Wunden Punkt“, das ist ein neurolymphatischer Reflexpunkt, der zwischen der 2. und 3. Rippe liegt (die Stelle, an der man einen Orden anstecken würde, siehe Bild S.29). Er ist druckempfindlicher als seine Umgebung, da es in diesem Bereich oft zu Lymphstauungen kommt.

Diese Stelle massieren Sie sanft kreisförmig im Uhrzeigersinn und sagen dazu dreimal laut den **Einstimmungssatz**, der folgendermaßen formuliert wird:

„Auch wenn ich ... (Problem einfügen), liebe und akzeptiere ich mich voll und ganz.“

Beispiele:

„Auch wenn ich diese Höhenangst habe, liebe und akzeptiere ich mich voll und ganz.“

„Auch wenn ich diese Verspannung im Nakken habe, liebe und akzeptiere ich mich voll und ganz."

- Dabei ist es wichtig, die belastenden Umstände so genau wie möglich anzusprechen.
  EFT wirkt um so effektiver, je spezifischer Sie Ihr Problem benennen. Deshalb „schießen" Sie nicht blindlings los, sondern fixieren Sie Ihr Ziel vorher möglichst genau.
  Nicht: „meine schlechte Laune", sondern: „meine Wut auf..."
  Nicht: „diese Schmerzen", sondern: „dieser Druck im Hinterkopf."

- Außerdem soll die „positive" Aussage immer am Schluß stehen, denn die letzten Worte bleiben besser im Gedächtnis.
  Nicht:
  „Ich liebe und akzeptiere mich voll und ganz, auch wenn ich mich wie ein leerer Akku fühle."
  Sondern:
  „Auch wenn ich mich wie ein leerer Akku fühle, liebe und akzeptiere ich mich voll und ganz."

- Es ist wichtig, daß Sie Worte wählen, die sich für Sie richtig anfühlen und die Ihre Empfindungen für Sie am besten ausdrücken.

- Auch wenn Sie (noch) nicht glauben, was Sie sagen, wirkt dieser Einstimmungssatz.

- Sie sollten diese Worte mit möglichst viel Gefühl aussprechen, das verstärkt die Wirkung noch (eventuell sogar schreien).

Eine zweite Möglichkeit für die Einstimmung ist das Beklopfen des Karatepunkts der nichtdominanten Hand mit den Fingerspitzen der dominanten Hand (bei Rechtshändern: mit der rechten Hand den Karatepunkt der linken Hand beklopfen). Der Karatepunkt (siehe Bild S. 29) ist der Punkt auf der Handkante, mit dem Sie einen Karateschlag ausführen würden.

Diese Art der Einstimmung ist oft in der Öffentlichkeit leichter durchzuführen oder kann angewandt werden, wenn der „Wunde Punkt" zu empfindlich ist, z. B. nach einer Operation in diesem Bereich. Generell ist der „Wunde Punkt" aber vorzuziehen, da er meist etwas wirkungsvoller ist.

Nachdem Sie also dreimal Ihren Einstimmungssatz laut ausgesprochen haben, während Sie den „Wunden Punkt" massiert oder den Karatepunkt beklopft haben, sind Sie bereit für den nächsten Schritt.

4.3 Die Sequenz

4.3.1 Wie wird geklopft?

Sie klopfen mit Zeige- und Mittelfinger (damit die beklopfte Fläche größer ist) ca. sieben- bis achtmal pro Punkt. Dabei sollte das Klopfen fest, aber nicht unangenehm sein. Vorsicht bei langen Fingernägeln!

Probieren Sie verschiedene Klopfrhythmen aus, bis Sie Ihre optimale Geschwindigkeit gefunden haben.

Viele Punkte sind doppelt vorhanden (auf beiden Körperseiten). Es ist nicht wichtig, welche Seite Sie wählen. Sie können auch zwischendurch Klopfhand und Seiten wechseln.

4.3.2 Der Erinnerungssatz

An jedem Punkt, den Sie beklopfen, sagen Sie einmal laut den Einstimmungssatz.

Er ist eine Kurzfassung des Einstimmungssatzes und muß kein vollständiger Satz sein, z. B.:

Einstimmungssatz: „Auch wenn ich diese Rükkenschmerzen habe, liebe und akzeptiere ich mich voll und ganz.“

Erinnerungssatz: „Diese Rückenschmerzen.“

Einstimmungssatz: „Auch wenn ich diese Angst vor der Führerscheinprüfung habe, liebe und akzeptiere ich mich voll und ganz."

Erinnerungssatz: „Diese Angst vor der Führerscheinprüfung."

4.3.3 Die Klopfpunkte

Nun lernen Sie die verschiedenen Klopfpunkte kennen. Dabei handelt es sich um Akupunkturpunkte der 14 Hauptmeridiane. Sie liegen dicht unter der Haut – im Gegensatz zu tiefer liegenden Punkten entlang der Meridiane – und können deshalb leichter stimuliert werden.

Die Klopfpunkte verlaufen am Körper von oben nach unten, damit man sie sich leichter merken kann. Prinzipiell ist die Reihenfolge aber unwichtig – Hauptsache, es wird kein Punkt vergessen.

1. AB = Augenbrauenpunkt (Bl2/Blase 2): neben der Nasenwurzel am Ansatz der Augenbraue

2. SA = Seite des Auges (Gb1/Gallenblase 1): auf dem Knochen neben dem äußeren Augenwinkel

3. JB = Jochbein (Ma1/Magen1): in der Mitte des Knochens unter dem Auge

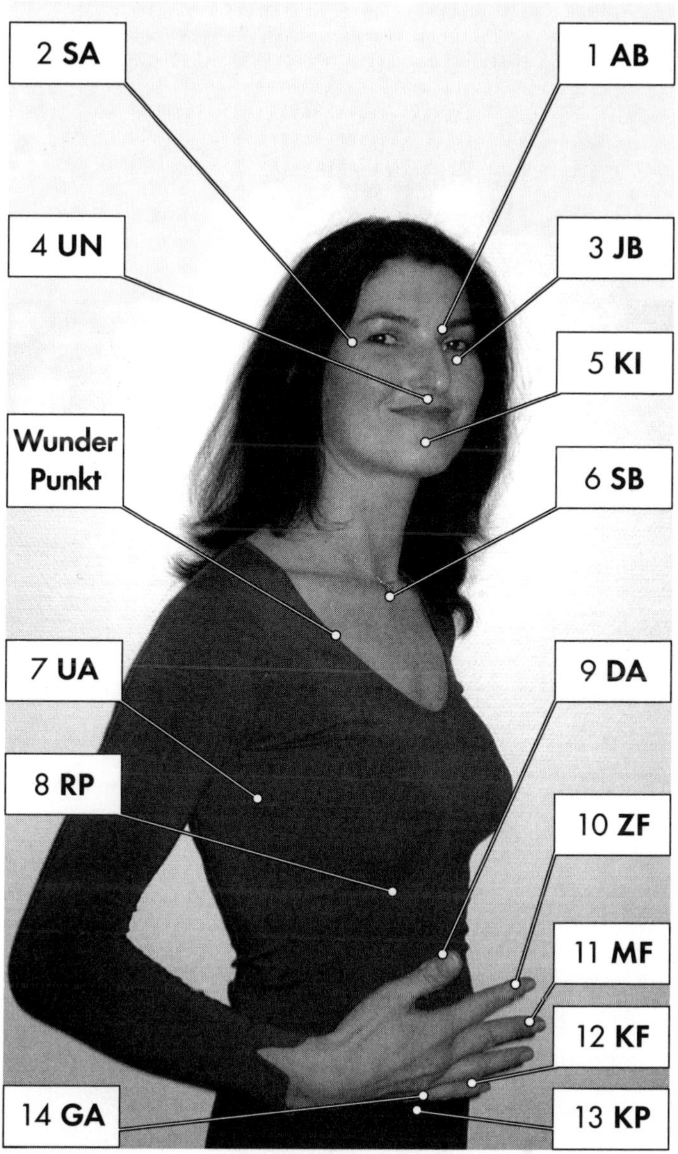
2 SA
1 AB
4 UN
3 JB
5 KI
Wunder Punkt
6 SB
7 UA
9 DA
8 RP
10 ZF
11 MF
12 KF
14 GA
13 KP

5. UN = Unter der Nase (LG26/27/Gouverneursgefäß 26/27): zwischen Nase und Oberlippe

6. KI = Kinnpunkt (KG24/Zentralgefäß 24): auf halber Höhe zwischen Unterlippe und Kinn

7. SB = Schlüsselbeinpunkt (Ni27/Niere 27): Stelle, wo Brustbein, Schlüsselbein und 1. Rippe zusammenlaufen, in der Mulde unter dem Schlüsselbein

8. UA = Unter dem Arm (MP21/Milz-Pankreas 21): an der Körperseite eine Handbreite unter der Achsel

9. RP = Rippenpunkt (Le14/Leber 14): unter der Brustwarze auf Höhe der Brustfalte; Frauen heben eventuell mit der anderen Hand die Brust an, damit dieser Punkt zugänglich ist

10. DA = Daumen (Lu11/Lunge 11): an der äußeren Seite des Daumennagels

11. ZF = Zeigefinger (Di1/Dickdarm 1): an der dem Daumen zugewandten Seite des Zeigefingernagels

12. MF = Mittelfinger (Pe9/Kreislauf-Sexus 9): an

der dem Daumen zugewandten Seite des Mittelfingernagels

13. KF = Kleiner Finger (He9/Herz 9): an der dem Daumen zugewandten Seite des Nagels des kleinen Fingers

14. KP = Karatepunkt (Dü3/Dünndarm 3): Punkt an der äußeren Handkante, mit dem man einen Karateschlag ausführen würde (vgl. Einstimmung S. 23)

15. GA = Gamut (3E3/Dreifacher Erwärmer 3): auf dem Handrücken zwischen und 2–3 cm hinter den Knöcheln von kleinem Finger und Ringfinger

Wie Sie gemerkt haben, wird der Ringfinger ausgelassen, da er durch den Gamut abgedeckt ist.

4.4. Die 9-Gamut-Folge

Diese Sequenz ist wohl der „verrückteste“ Teil und heißt so, weil neun verschiedene Schritte durchgeführt werden, während man ununterbrochen den „Gamut“ klopft, wobei man den Kopf ruhig und gerade hält.

Der Gamut oder Serienpunkt hat seinen Namen von Dr. Roger J. Callahan und bedeutet wörtlich übersetzt Skala. Er nannte diesen Punkt so, weil er für eine weite Bandbreite von Behandlungen wichtig ist (in seiner Thought Field Therapie gibt es für jede Emotion eine spezielle Klopfpunktabfolge, wobei Punkte und Reihenfolge wichtig sind).

Diese Übung dient unter anderem dazu, verschiedene Hirnbereiche durch die unterschiedlichen Augenpositionen zu aktivieren (vgl. NLP Augenmuster). Außerdem werden die linke (rationale) und rechte (emotionale/kreative) Hirnhälfte verstärkt vernetzt. Dies geschieht durch den schnellen Wechsel von Liedsummen (rechte Hirnhälfte) und Zählen (linke Hirnhälfte).

Halten Sie also den Kopf aufrecht und führen Sie die folgenden 9 Schritte durch, während Sie den Gamut beklopfen:

1. Augen schließen

2. Augen öffnen

3. Nach rechts unten schauen

4. Nach links unten schauen

5. Die Augen einmal im Uhrzeigersinn kreisen

6. Die Augen einmal gegen den Uhrzeigersinn kreisen

7. Die ersten acht bis zehn Töne eines Liedes summen (nicht singen!)

8. Zählen (z. B. von 10 bis 15)

9. Wieder ein Lied summen (wie 7.)

4.5 Zusammenfassung

Jetzt kennen Sie alle Elemente der Basis-Klopfroutine und können sofort loslegen:

Suchen Sie sich ein Problem, das Sie bearbeiten möchten – ein körperliches Unbehagen oder ein negatives Gefühl, z. B. Magendruck.

Stufen Sie den Streß, den dieses Problem Ihnen im Moment bereitet, auf einer Skala von 0 bis 10 ein, z. B. 8.

Reiben Sie den „Wunden Punkt" oder klopfen Sie den Karatepunkt, während Sie dreimal laut den Einstimmungssatz sagen, z. B.:

„Auch wenn ich diesen Magendruck habe, liebe und akzeptiere ich mich voll und ganz."

Klopfen Sie die Sequenz mit Zeige- und Mittelfinger durch, wobei Sie an jedem Klopfpunkt einmal laut den Erinnerungssatz aussprechen, z. B.:

„Dieser Magendruck."

Nun führen Sie die 9-Gamut-Folge durch, wobei Sie nur am Anfang einmal den Erinnerungssatz sagen.

Jetzt folgt noch einmal ein Durchgang der Sequenz (wie oben).

Zum Abschluß schließen Sie die Augen, atmen einmal tief durch und stellen sich vor, wie Sie mit dem Ausatmen alles Negative loslassen.

Stufen Sie den Streß, den Sie **jetzt** empfinden, neu ein, z. B. 5.

4.6 Weitere Durchgänge

Diese Basis-Klopfroutine wiederholen Sie nun so oft, bis der Streß auf 0 gesunken ist. Das einzige, was sich verändert, sind Einstimmungs- und Erinnerungssatz.

Beide werden nach folgendem Muster ergänzt:.

Einstimmungssatz: „Auch wenn ich **noch** dieses **restliche** ... (Problem einfügen) habe, liebe und akzeptiere ich mich voll und ganz."

Erinnerungssatz: „Dieses **restliche** ... (Problem einfügen)."

Beispiel:

Einstimmungssatz: „Auch wenn ich noch diesen restlichen Magendruck habe, liebe und akzeptiere ich mich voll und ganz."

Erinnerungssatz: „Dieser restliche Magendruck."

Wenn der Streßwert auf 1 bis 2 gesunken ist, können Sie anstelle der Basis-Klopfroutine das **Augenrollen** einsetzen, um ganz auf 0 zu kommen. Machen Sie Folgendes, während Sie ununterbrochen den Gamut beklopfen:

1. Schließen Sie die Augen.
2. Sagen Sie einmal den Erinnerungssatz.
3. Öffnen Sie die Augen.
4. Lassen Sie Ihre Augen langsam (Dauer ca. acht Sekunden) vom Boden bis zur Decke wandern, wobei Sie den Kopf ruhig und aufrecht halten

Das Augenrollen ist auch eine gute Abschlußübung (wenn der Streßwert bereits auf 0 ist) zur Integration des gesamten Prozesses und zur Entspannung.

5. Wenn es nicht funktioniert

5.1 Psychologische Umkehr

Falls sich der Streßwert überhaupt nicht ändert, liegt die Vermutung nahe, daß Psychologische Umkehr (PU) vorliegt. Sie kann innerhalb von Sekunden auftreten oder verschwinden, und man weiß auch nicht, wie lange sie durch die Einstimmung behoben wird.

Führen Sie die Einstimmung mit besonders intensivem Ausdruck durch (Betonung, Lautstärke, Gestik).

Variieren Sie den Einstimmungssatz nach folgenden Mustern:

- „Auch wenn ich – aus welchen Gründen auch immer – ... (Problem einfügen) **nie überwinde**, liebe und akzeptiere ich mich voll und ganz."

- „Auch wenn ich **nicht glaube**, ... (Problem einfügen) **mit EFT überwinden zu können**, liebe und akzeptiere ich mich voll und ganz."

- „Auch wenn ich ... (Problem einfügen) **nicht überwinden darf (will, werde)**, liebe und akzeptiere ich mich voll und ganz."

- „Auch wenn ich **mich schäme, daß ich** ... (Problem einfügen) habe, liebe und akzeptiere ich mich voll und ganz."

- „Auch wenn ich es **nicht verdiene**, ... (Problem einfügen) zu überwinden, liebe und akzeptiere ich mich voll und ganz."

- „Auch wenn ich **es mir nicht erlaube**, ... (Problem einfügen) zu überwinden, liebe und akzeptiere ich mich voll und ganz."

- „Auch wenn **es für mich (oder für andere) nicht sicher ist**, ... (Problem einfügen) zu überwinden, liebe und akzeptiere ich mich voll und ganz."

- „Auch wenn ich **nicht alles tue, was nötig ist, um** ... (Problem einfügen) zu überwinden, liebe und akzeptiere ich mich voll und ganz."

- „Auch wenn ich **noch nicht bereit bin**, ... (Problem einfügen) zu überwinden, liebe und akzeptiere ich mich voll und ganz."

- „Auch wenn **mir etwas Wichtiges fehlen wird**, wenn ich ... (Problem einfügen) überwinde, liebe und akzeptiere ich mich voll und ganz."

- „Auch wenn **ich einen wichtigen Teil meiner Identität verliere**, wenn ich ... (Problem einfügen) überwinde, liebe und akzeptiere ich mich voll und ganz."

5.2 Energietoxine

Eine andere Ursache dafür, daß EFT nicht wirkt, kann in sogenannten „Energietoxinen" liegen. Das sind Stoffe, die unser Energiesystem völlig durcheinander bringen. Es liegt eine Art Energiesystem-Allergie vor.

Die Stoffe können – wie bei „normalen" Allergien auch – sehr vielfältig sein (Nahrungsmittel, Kosmetika, Kleidung, Strahlung...).

Hier gibt es folgende Möglichkeiten:

- Verlassen Sie den Ort, an dem Sie jetzt sind, und wiederholen Sie die Klopfroutine an einer anderen Stelle oder in einem anderen Raum.

- Wechseln Sie die Kleidung, duschen Sie (ohne Seife).

- Überprüfen Sie Ihre Ernährungsgewohnheiten. Alles, was wir im Übermaß zu uns nehmen, kann ein Energietoxin für uns sein, auch wenn es ein scheinbar gesundes Lebensmittel wie z. B. Gemüse ist.

Leider sind im Buch folgende irreführende Druckfehler enthalten:

Auf **S. 27** muß es in der 7. Zeile von unten richtig heißen:
"An jedem Punkt, den Sie beklopfen, sagen Sie einmal laut den ~~Einstimmungssatz~~ Erinnerungssatz."

S. 30 bis 31:
Die Numerierung ist versehentlich durcheinander geraten. Punkt 5. ganz oben auf der Seite ist richtig Punkt 4. Alle weiteren Punkte darunter müssen entsprechend korrigiert werden – d. h. Punkt 6 = Punkt 5, Punkt 7 = Punkt 6 –, so daß der letzte Punkt auf S. 31, GA = Gamut, Punkt 14 ist.

S. 74, letzte Zeile:
Die Homepage-Adresse muß natürlich heißen: www.emotionalfreedom.de

Denken Sie dabei auch an:

Kaffee
Tee
Alkohol
Nikotin
Weißen Zucker
Milchprodukte
Weizen
Hafer

Wir alle sind vielen dieser Toxine täglich ausgesetzt. Aber zum Glück werden die meisten Menschen davon nicht so stark beeinträchtigt, daß EFT nicht mehr wirken kann.

Falls Sie einen Stoff als Energietoxin für sich herausgefunden haben, wenden Sie EFT nach folgendem Muster an:

Beispiele:

„Auch wenn ich immer müde werde, wenn ich Milch getrunken habe, liebe und..."

„Auch wenn ich von Parfüm Hautausschlag bekomme, liebe und ..."

Auf diese Art können Sie auch versuchen, „normale" Allergien zu behandeln.

5.3 Aspekte

Wenn Ihr Streßwert nur geringfügig fällt oder sogar ansteigt, achten Sie darauf, ob es noch das **gleiche Gefühl** (bzw. der **gleiche Schmerz**) ist, das jetzt den Streß verursacht. Ein Problem besteht oft aus verschiedenen Aspekten, die einzeln für sich bearbeitet werden müssen. Deshalb ist es wichtig, den Einstimmungssatz so genau wie möglich zu formulieren. Wenn der Streßwert nicht sinkt, heißt das nicht, daß EFT nicht wirkt – vielleicht sind Sie gedanklich zu einem anderen Aspekt gesprungen (nachdem der Streßwert des ersten eventuell unbemerkt schon auf 0 war). Jetzt müssen Sie den Einstimmungssatz anpassen und diesen neuen Aspekt beklopfen.

Wichtig dabei ist, daß Sie jeweils nur einen Aspekt bearbeiten und das so lange, bis sein Streßwert auf 0 ist. Fangen Sie mit dem Aspekt an, der Ihnen zuerst bewußt ist, und fragen Sie sich nach jedem Durchgang, was genau das negative Gefühl auslöst. Dies ist der nächste zu bearbeitende Aspekt. So arbeiten Sie sich wie bei einer Zwiebel Schicht für Schicht zum Kern des Problems durch.

Beispiele:
Angst vor Spinnen
1. Angst, eine Spinne zu sehen

2. Angst, wenn sich die Spinne bewegt
3. Angst, eine Spinne zu berühren

Traumatische Erinnerung an einen Unfall
1. Die Scheinwerfer
2. Das Schreien der Kinder
3. Sich-nicht-bewegen-Können
4. Der Schmerz am Kopf

Es kann auch sein, daß nicht alle Aspekte bearbeitet werden müssen, um eine komplette Lösung des Problems zu erreichen. Wenn Sie die Hauptaspekte beklopft haben, fallen oft andere Aspekte wie bei einem Kartenhaus in sich zusammen.

Auch die **Qualität von Schmerzen** kann sich während der Behandlung verändern. So kann aus einem Druck ein Stechen werden, oder die schmerzende Stelle „wandert". Passen Sie auch hier den Einstimmungs- und Erinnerungssatz an und bleiben Sie hartnäckig. Ausdauer zahlt sich auch hier aus!

5.4 Die Filmtechnik

Ein anderer Grund, warum der Streßwert nicht sinkt, kann darin bestehen, daß das Thema zu global ist – z. B. mangelndes Selbstwertgefühl.
Hier ist es wichtig, das Problem in seine einzelnen Bestandteile (Aspekte) zu zerlegen und jeden ein-

zeln für sich zu behandeln. In diesem Fall in alle Erlebnisse/Erinnerungen, die zu dem schwachen Selbstwertgefühl geführt haben. Schreiben Sie sich alles auf, was Ihnen zu diesem Thema einfällt, z. B.:

„Als ich 13 Jahre alt war, haben Papas Kollegen gesagt, ich hätte einen Hintern wie ein Pferd."
„Ich hatte schon seit der 3. Klasse Schwierigkeiten, mir den Unterrichtsstoff zu merken."
„Ich kann nicht gut kochen."
„Ich fühle mich in der Gegenwart von Fremden unsicher."

Auch diese Aspekte können noch zu umfassend sein, z. B. kann „Ich fühle mich in der Gegenwart von Fremden unsicher" sich zusammensetzen aus:
„Ich weiß nicht, wohin mit meinen Händen."
„Meine Stimme wird zittrig."
„Ich habe Herzklopfen."

Ein Hilfsmittel, um sicher zu sein, daß der beklopfte Aspekt spezifisch genug ist, ist die sogenannte Filmtechnik. Denn wenn ich mir zu einem Problem einen Film vorstellen kann, bin ich auch sicher, daß es detailliert genug ist.

Fragen Sie sich: Wenn es ein Film wäre, wie lange würde er dauern?

Normalerweise sollte er nur einige Minuten dauern, sonst ist er noch nicht „auf den Punkt" gebracht.

Wie wäre der Titel des Films?

Lassen Sie den Film in Ihrer Vorstellung ablaufen und stufen Sie den Streßwert ein. Machen Sie so viele EFT-Durchgänge mit „dieses (Titel des Films) Ereignis", bis der Streßwert auf 0 ist. Durch dieses allgemeine Ansprechen wird erst einmal die gefühlsmäßige Spitze des Eisberges abgetragen.

Erzählen Sie nun laut Ihren Film und achten Sie darauf, wann sich wieder Streß aufbaut. Halten Sie dann sofort an und beklopfen Sie diesen Stressor, bis der Streßwert auf 0 ist. Es ist wichtig, daß Sie wirklich jede negative Emotion beachten und den Auslöser genau ansprechen, denn dies stellt eine Möglichkeit für positive Veränderung dar. Deshalb wäre hier Härte gegen sich selbst oder falsch verstandener Mut nur eine vergeudete Chance.

Beginnen Sie mit dem Erzählen wieder von vorne und gehen Sie bis zum nächsten streßauslösenden Punkt, den Sie wie zuvor beklopfen.

Wiederholen Sie das Ganze so lange, bis Sie den ganzen Film ohne negative Emotionen erzählen können.

Lassen Sie nun den Film lebhaft in Ihrer Vorstellung ablaufen, indem Sie die Rolle eines außenstehenden Beobachters einnehmen. Stufen Sie den Streßwert ein und machen Sie so viele Durchgänge, bis er auf 0 ist.

Lassen Sie den Film jetzt so ablaufen, als ob Sie real als Beteiligter dabei wären. Machen Sie so viele

Durchgänge, bis die restliche Intensität auf 0 ist. Jetzt haben Sie es geschafft!

5.5 Wenn der Streßwert sinkt, aber nicht ganz auf 0 fällt

Hier kann eine spezielle Psychologische Umkehr vorliegen, die sich auf die vollständige Lösung des Problems bezieht.

Variieren Sie den Einstimmungssatz nach folgenden Mustern (Wählen Sie den Satz, der Sie am meisten anspricht):

- „Auch wenn ich ... (Problem einfügen) **nicht vollständig überwinde**, liebe und akzeptiere ich mich voll und ganz."

- „Auch wenn ich **nicht glaube**, ... (Problem einfügen) **mit EFT vollständig überwinden zu können**, liebe und akzeptiere ich mich voll und ganz."

usw. siehe 5.1

6. Anwendungsbeispiele

6.1 „Negative" Emotionen

1. Benennen Sie die „negative" Emotion so genau wie möglich, z. B.:
   „Die Enttäuschung, daß Peter nicht wie versprochen angerufen hat."

2. Spüren Sie in sich hinein, ob sich dieses Gefühl auch körperlich ausdrückt, z. B. als Druck auf der Brust.

3. Stufen Sie den Streßwert anhand der Emotion und des körperlichen Empfindens ein, z. B. 7.

4. Sagen Sie dreimal den Einstimmungssatz mit der für Sie intensiveren Empfindung (entweder Emotion oder Körpergefühl), während Sie den „Wunden Punkt" massieren, z. B.:
   „Auch wenn ich so enttäuscht bin, daß Peter nicht angerufen hat, obwohl er es versprochen hatte, liebe und akzeptiere ich mich voll und ganz."
   Oder:
   „Auch wenn ich diesen Druck auf der Brust habe, liebe und akzeptiere ich mich voll und ganz."

5. Klopfen Sie die Sequenz, das 9-Gamut-Format und nochmal die Sequenz mit dem Erinnerungssatz (passend zum Einstimmungssatz), z. B.:
   „Enttäuschung, daß Peter nicht angerufen hat."
   Oder:
   „Dieser Druck auf meiner Brust."

6. Stufen Sie den Streßwert erneut ein.

7. Achten Sie darauf, ob sich die Emotion oder das körperliche Empfinden verändert hat (siehe Aspekte).

8. Bleiben Sie beim ursprünglichen Gefühl, bis es auf 0 ist.
   Bei den verschiedenen Durchgängen können Sie zwischen emotionalem und körperlichem Einstimmungs- und Erinnerungssatz wechseln, je nachdem, was sich für Sie passender anhört.

9. Wenn das Ausgangsgefühl auf 0 ist, der Streßwert aber noch nicht, beginnen Sie mit dem nächsten Gefühl, das nun hochgekommen ist, wieder bei 1.

10. Wiederholen Sie das Ganze so lange, bis Ihr Streßwert auf 0 ist.

6.2 Schmerzen

1. Beschreiben Sie den Schmerz so genau wie möglich, z. B.:
   „Dieses Stechen in meinem linken Knie."

2. Fragen Sie sich: Wenn hinter diesem Schmerz eine Emotion stecken würde, welche wäre es? Z. B.:
   „Angst, meinen beruflichen Anforderungen nicht gewachsen zu sein."

3. Stufen Sie den Streßwert anhand des körperlichen Empfindens und der Emotion ein, z. B. 7.

4. Sagen Sie dreimal den Einstimmungssatz mit der für Sie intensiveren Empfindung (entweder Körpergefühl oder Emotion), während Sie den „Wunden Punkt" massieren, z. B.:
   „Auch wenn ich dieses Stechen in meinem linken Knie habe, liebe und akzeptiere ich mich voll und ganz."
   Oder:
   „Auch wenn ich Angst habe, meinen beruflichen Anforderungen nicht gewachsen zu sein, liebe und akzeptiere ich mich voll und ganz."

5. Klopfen Sie die Sequenz, das 9-Gamut-Format

und nochmal die Sequenz mit dem Erinnerungssatz (passend zum Einstimmungssatz), z. B.:

„Stechen im linken Knie.“

Oder:

„Angst, beruflich zu versagen.“

6. Stufen Sie den Streßwert erneut ein.

7. Achten Sie darauf, ob sich die Emotion oder das körperliche Empfinden verändert hat (siehe Aspekte).

8. Bleiben Sie beim ursprünglichen Schmerz, bis er auf 0 ist. Bei den verschiedenen Durchgängen können Sie zwischen emotionalem und körperlichem Einstimmungs- und Erinnerungssatz wechseln, je nachdem, was sich für Sie passender anhört.

9. Wenn der Ausgangsschmerz auf 0 ist, aber noch ein restlicher Streßwert vorhanden ist (wenn z. B. ein Magendruck bestehen bleibt, der vorher nicht so bewußt war, weil der Kopfschmerz im Vordergrund stand), beginnen Sie mit dem nächsten Mißempfinden oder Gefühl, das nun hochgekommen ist, wieder bei 1.

10. Wiederholen Sie das Ganze so lange, bis Ihr Streßwert auf 0 ist.

6.3 Verlangen nach ... (Schokolade, Zigaretten, Alkohol)

Hinter dem Verlangen nach bestimmten Stoffen steckt oft ein Gefühl der inneren Unruhe bzw. Unausgeglichenheit. Das „Suchtmittel" überdeckt dieses Unwohlgefühl und vermittelt uns (kurzfristig) ein angenehmes Gefühl. Wenn Sie mit EFT die Ursache des Verlangens, das Ungleichgewicht im Energiesystem, beseitigen, brauchen Sie keine Willenskraft, um das Verlangen zu bekämpfen. So haben Sie jedesmal die Wahl, ob Sie mit Genuß essen, trinken oder rauchen wollen oder ob Sie das Verlangen einfach und schnell wegklopfen.

1. Holen Sie das „Objekt der Begierde", z. B. Schokolade. Schauen Sie sie an, wickeln Sie sie aus, riechen Sie daran und stufen Sie die Stärke Ihres Verlangens ein, z. B. 9.

2. Sagen Sie dreimal den Einstimmungssatz, während Sie den „Wunden Punkt" massieren, z. B.:
   „Auch wenn ich dieses Verlangen nach Schokolade habe, liebe und akzeptiere ich mich voll und ganz."

3. Klopfen Sie die Sequenz, das 9-Gamut-Format und nochmal die Sequenz mit dem Erinnerungs-

satz (passend zum Einstimmungssatz), z. B.:
„Verlangen nach Schokolade."

4. Stufen Sie Ihr Verlangen erneut ein.

5. Führen Sie so viele Durchgänge durch, bis Ihr Verlangen auf 0 ist. Dabei verändern Sie den Einstimmungssatz in:
„Auch wenn ich immer noch einen Rest dieses Verlangens nach ... habe, liebe..."
Und den Erinnerungssatz in:
„Dieses restliche Verlangen nach ..."

6. Nehmen Sie jetzt wieder die Schokolade. Sie werden vielleicht feststellen, daß der Geruch nicht mehr so angenehm ist wie zu Beginn (ohne, daß die Schokolade inzwischen ranzig geworden ist) oder daß der Geschmack nicht mehr attraktiv für Sie ist.

6.4 Persönlicher „Check Up"

Jeder Mensch hat im Laufe seines Lebens unzählige Eindrücke aufgenommen, die sein Leben mehr oder weniger bewußt prägen.

Wenn Sie Ihr Leben in ein positivere Richtung lenken wollen, können Sie mit EFT die negativen Eindrücke neutralisieren und die positiven Eindrücke verstärken.

6.4.1 Negativliste

Machen Sie sich zuerst eine Liste mit mindestens 50 negativen Erlebnissen. Alles, was Ihnen dazu spontan einfällt, ist es wert, aufgeschrieben zu werden, auch wenn Sie es als nicht so schlimm empfinden. Denken Sie dabei an alle Lebensbereiche (Gesundheit, Aussehen, Schule, Beruf, Freizeit, Beziehungen, Sexualität). Formulieren Sie diese Ereignisse mit einer Zeitangabe, aber in der Gegenwart. Wenn Sie keine 50 Erlebnisse zusammenbekommen, haben Sie wahrscheinlich nicht genug nachgedacht.

Beispiele:
„Ich bin zehn Jahre alt, und Mutter sagt zu mir, daß ich zu dick bin."
„Ich bin in der 6. Klasse und blamiere mich, wie ich ein Gedicht aufsage."
„Als ich für die Englisch-Schulaufgabe lerne, sagt mir meine Oma, eine Frau muß nur gut kochen können, Bildung ist nicht so wichtig."

Wichtig dabei ist, daß die Ereignisse spezifisch sind. Wenden Sie die Filmtechnik an.
Nicht: „Mein Vater weist mich zurück."
Sondern: „Ich bin fünf Jahre alt, und mein Vater will mich nicht trösten, als ich Angst vor dem Gewitter habe."

Schreiben Sie hinter jedes Ereignis den Streßwert, den Sie ihm im Moment zuordnen.

Beklopfen Sie täglich drei bis fünf Ereignisse, bis diese einen Streßwert von 0 haben.

Beginnen Sie mit den Situationen, welche die höchsten Streßwerte haben. Diese sind vielleicht langwieriger zu bearbeiten, aber dafür stellen Sie eventuell fest, daß später andere Erlebnisse schon einen niedrigeren Streßwert als bei der anfänglichen Einstufung haben bzw. schon auf 0 sind.

6.4.2 Choices (nach Patricia Carrington)

Den Einstimmungssatz können Sie nach folgendem Muster verändern:

Statt: „liebe und akzeptiere ich mich voll und ganz"
„entscheide ich mich...." oder
„öffne ich mich für die Möglichkeit, daß..."

Danach setzen Sie Ihre Wunschüberzeugung oder -einstellung, z. B.:

„Auch wenn meine Mutter sagte, daß ich zu dick bin, entscheide ich mich dafür, meinen Körper so zu lieben, wie er ist."

„Auch wenn ich mich mit dem Gedicht blamiert habe, öffne ich mich für die Möglichkeit, daß auch ich mit Erfolg und Spaß öffentliche Reden halte."

„Auch wenn meine Oma gesagt hat, eine Frau muß nur gut kochen können, entscheide ich mich dafür, daß ich beruflich erfolgreich sein und trotzdem mein Frausein genießen darf."

„Auch wenn mein Vater mich nicht bei Gewitter trösten wollte, entscheide ich mich dafür, daß ich liebenswert bin."

Nun klopfen Sie einen Durchgang mit dem „negativen" Satzanfang als Erinnerungssatz – diesmal in der Vergangenheitsform, z. B.:

„Mutter sagte, daß ich zu dick bin."

Den zweiten Durchgang klopfen Sie mit dem „positiven" Satzende als Erinnerungssatz in der Gegenwartsform, z. B.:

„Ich entscheide mich, meinen Körper so zu lieben, wie er ist."

Beim dritten Durchgang an jedem Klopfpunkt (AB, SA, JB etc., siehe Klopfpunkte Seite 28-31) die Erinnerungssätze wechseln, z. B.:

AB: „Auch wenn Mutter sagte, daß ich zu dick bin,
SA: entscheide ich mich, meinen Körper so zu lieben, wie er ist."
JB: „Auch wenn Mutter.." usw.

Dabei ist es wichtig, den Durchgang mit dem positiven Satz zu beenden. Falls es nicht „aufgeht", klopfen Sie den positiven Satz auf Ihrem Scheitel (Kronenchakra), der stets ein guter Abschlußpunkt ist. Dadurch programmieren Sie Ihr Unterbewußtsein, beim negativen Auslöser sofort an die positive neue Wunschvorstellung zu denken.

Wiederholen Sie dieses Choices-Trio so oft, bis der Streßwert der negativen Aussage auf 0 und der Wahrheitswert der positiven Aussage auf 10 ist (0 = gar nicht wahr, 10 = stimmt hundertprozentig).

Wenn Sie so nach und nach Ihre „Negativliste" abgearbeitet und sich von einschränkenden Mustern und Einstellungen befreit haben, stellen Sie eine zweite Liste auf, die Eigenschaften, Überzeugungen und Fähigkeiten beschreibt, die Sie gerne hätten oder ausbauen möchten. Dazu können Sie folgende Fragen verwenden, die Sie am besten schriftlich beantworten:

6.4.3 Wunderfragen

Wenn Sie wüßten, daß Sie auf jeden Fall erfolgreich sind, welches Ziel würden Sie sich setzen? Beschreiben Sie es so genau wie möglich, z. B.:

„Ich habe eine neue Arbeitsstelle in einem mittelständischen Unternehmen, mit einem Büro für mich alleine, Aussicht ins Grüne. Die Arbeitszeit ist von 7 bis 16 Uhr, an den Wochenenden habe ich meistens frei. Rund 60 Arbeitstage im Jahr bin ich auf Geschäftsreise. Ich erstelle Angebote, kümmere mich um Prospekte. Meine Position umfaßt Marketing, Vertrieb und Projektarbeit, und ich arbeite selbstständig. Es herrscht ein gutes Betriebsklima, die Kollegen sind in Reichweite. Mein einziger Vorgesetzter ist der Geschäftsführer. Ich habe genügend Zeit für meine Familie."

Stellen Sie sich vor, Sie haben dieses Ziel schon erreicht. Blicken Sie jetzt gedanklich auf den Weg zurück, den Sie zum Ziel gegangen sind. Welche drei **Ressourcen** (Eigenschaften, Fähigkeiten, Überzeugungen) haben Sie auf dem **Weg zum Ziel vorwiegend eingesetzt**?

Z. B.: „Wissen, Kommunikationsfähigkeit, Enthusiasmus."

Welche war die **beste, effizienteste** für Sie?

„Kommunikationsfähigkeit."

Wie genau haben Sie sie **eingesetzt**?

„Ich habe meine beruflichen Kontakte genutzt, um zu erfahren, wo Stellen zu besetzen sind, die für mich interessant sein könnten."

Wie genau haben Sie sie **abgerufen**?

„In manchen Gesprächen habe ich – je nach Gesprächspartner – von meinen beruflichen Veränderungsplänen erzählt."

Wann genau haben Sie sie **abgerufen**?
„Immer, wenn ich mit jemand Kontakt hatte, der wichtige Informationen für mich haben könnte.“

Gehen Sie jetzt zum Anfang dieses Wegs zurück.
Was genau waren die **drei Ressourcen**, welche Sie **motiviert** haben, **den ersten Schritt zu gehen**? Z. B.:
„Unzufriedenheit mit dem Betriebsklima, fehlende Aufstiegschancen, der Glaube an mich.“
Welche war die **beste, effizienteste** für Sie?
„Der Glaube an mich.“
Wie genau haben Sie sie **eingesetzt**?
„Durch Selbstmotivation.“
Wie genau haben Sie sie **abgerufen**?
„Durch positive Vorannahmen, motivierende Gedanken, Träumen vom Zielzustand.“
Wann genau haben Sie sie **abgerufen**?
„Nach frustrierenden Arbeitstagen, in Zeiten des Leerlaufs.“

Wenn Sie jetzt auf den Weg, den Sie gegangen sind, und auf die ersten Schritte, die Sie getan haben, zurückblicken, mit welchen **drei Ressourcen** haben Sie **auftretende Probleme gelöst**? Z. B.:
„Mit Menschenkenntnis, Mut, Durchhaltevermögen.“
Welche war die **wichtigste, beste, effizienteste, entscheidende**?

„Durchhaltevermögen.“

Wie genau haben Sie sie **eingesetzt**?

„Ich habe nicht aufgehört, an meiner Veränderung dranzubleiben, auch wenn ich bei den ersten interessanten Stellen nicht zum Zug kam.“

Wie genau haben Sie sie **abgerufen**?

„Ich habe mich daran erinnert, daß ich bis jetzt alles erreicht habe, was mir wirklich wichtig war, wenn ich nur drangeblieben bin.“

Wann genau haben Sie sie **abgerufen**?

„Nach Absagen oder wenn die freie Stelle nicht meinen Vorstellungen entsprach.“

Welche drei **wunderbaren Nebeneffekte** erscheinen in Ihrem Leben, sobald Sie Ihr Ziel erreicht haben? Z. B.:

„Ich gehe wieder gerne zur Arbeit, kann mehr Geld verdienen, bin auch im Privatbereich wieder ausgeglichener.“

Welcher ist der motivierendste und anziehendste **Nebeneffekt**?

„Ich gehe wieder gerne zur Arbeit.“

Und da Sie jetzt wissen, wie sich Ihr Ziel anfühlt, und Sie den Weg dorthin genau kennen, können Sie nun die nötigen Ressourcen, die Sie herausgefunden haben, nach folgendem Schema „herbeiklopfen“:

6.4.4 Ressourcen

1. Spüren Sie in sich hinein, ob sich diese Ressource (z. B. Mut) auch körperlich ausdrückt, z. B. durch Kribbeln im Bauch.

2. Stufen Sie die Stärke der Ressource, die Sie jetzt im Moment empfinden, ein, wobei 0 = überhaupt nicht vorhanden und 10 = volles Potential bedeutet, z. B. 2.

3. Sagen Sie dreimal den Einstimmungssatz, während Sie den „Wunden Punkt" massieren, z. B.:
   „Auch wenn mir Mut fehlt, liebe und akzeptiere ich mich voll und ganz."

4. Klopfen Sie die Sequenz, das 9-Gamut-Format und nochmal die Sequenz mit dem Erinnerungssatz (passend zum Einstimmungssatz), z. B.:
   „Fehlender Mut."

5. Stufen Sie Ihr Potential erneut ein.

6. Achten Sie darauf, ob sich Blockaden zeigen, und klopfen Sie diese nach dem Muster „negative Emotionen" weg, z. B.:
   „Ich habe Angst, von meinem Freund abgelehnt zu werden, wenn ich mutiger bin als er."

7. Machen Sie so viele Durchgänge, bis Ihr Potential bei 9 oder 10 liegt.

8. Freuen Sie sich auf viele angenehme Veränderungen in Ihrem Leben!

6.4.5 Zukunftsprojektion (Future Pace)

Wenn Sie sich ein bestimmtes Ziel gesetzt haben (siehe Wunderfragen) oder ein Problem überwinden wollen, das nicht sofort überprüfbar ist, schauen Sie sich zum Abschluß die Zielszene wie einen Film an, d. h. Sie sehen sich selbst als außenstehender Beobachter.

Wie realistisch ist dieses Ziel für Sie?

(0: Ich kann mir überhaupt nicht vorstellen, daß ich dieses Ziel erreiche.

10: Ich bin mir ganz sicher, daß ich dieses Ziel erreiche.)

Wenn der Wahrheitswert unter 9 liegt, klopfen Sie den Gamut, während Sie dreimal sagen:

„Ich werde ... (Ziel einsetzen) sicher erreichen."

Bzw.:

„Das ... (Problem einsetzen) ist für alle Zeit gelöst."

Wiederholen Sie dies so oft, bis der Wahrheitswert mindestens 9 ist, wobei Sie darauf achten müssen, ob neue Aspekte hochkommen, die Sie bis jetzt noch nicht berücksichtigt haben.

Falls das der Fall ist, müssen Sie diese einzeln für sich mit der Basis-Klopfroutine behandeln, bevor Sie den Wahrheitswert weiter „hochklopfen".

7. Fallbeispiele

7.1 Höhenangst

Eine 38-jährige Frau kam wegen Höhenangst zu mir. Diese war so schlimm, daß sie nicht einmal bei ihrer Schwester aus dem Wohnzimmerfenster schauen konnte, weil das im ersten Stock lag. Sie hatte schon Gesprächstherapie, Katathymes Bilderleben, Hypnose und Verhaltenstherapie versucht – aber ohne Erfolg.

Ich forderte sie auf, sich einen Film vorzustellen, bei dem sie wußte, wenn sie das angstfrei schaffen würde, hätte sie ihre Höhenangst überwunden. Sie wählte eine Abseilszene in der Fränkischen Schweiz. Ich ließ sie folgende Aspekte beklopfen:

„Auch wenn ich weiß, daß ich so hoch oben bin, liebe..."

„Auch wenn ich Angst habe hinunterzuschauen, liebe..."

„Auch wenn ich Angst habe, daß das Seil reißt, liebe..."

„Auch wenn ich Angst habe, den ersten Schritt zu tun, liebe..."

„Auch wenn ich Angst habe, so hoch frei in der Luft zu hängen, liebe..."

Das dauerte ca. 20 Minuten. Dann merkte sie, daß es ihr Spaß machte, sich in Ruhe von oben alles anzuschauen, und sie konnte sich gelassen und langsam abseilen und es genießen, unten von lieben Freunden empfangen zu werden.

Sie hat diese Situation noch nicht real nachvollzogen, aber da unser Gehirn nicht unterscheiden kann, ob eine Situation real oder nur in der Phantasie vorhanden ist (deshalb ist das Visualisieren von Zielen so effektiv), sind die Chancen sehr hoch, daß sie auch beim echten Abseilen angstfrei ist. Eventuell können noch zusätzliche Aspekte hochkommen, die sie dann vor Ort (auch ohne mich) beklopfen kann.

Ein weiterer Hinweis für die Löschung ihrer Höhenangst ist die Tatsache, daß sie diese „vergessen" hat. Sie geht jetzt ohne über sie nachzudenken überall hin und vergißt z. B. zu überprüfen, ob sie bei ihrer Schwester aus dem Fenster sehen kann – es ist einfach kein Thema mehr. Dieses Vergessen tritt nach EFT-Behandlungen häufig auf, so daß die Menschen sich danach gar nicht mehr richtig erinnern können, wie schlimm ihre Beeinträchtigungen vorher waren.

7.2 Erschöpfungszustand

Ein 60-jähriger Frührentner fühlte sich total ausgelaugt, leer, frustriert und ohne Antrieb, auch wenn er weder körperliche noch seelische Belastungen hatte. Obwohl er nachts mindestens acht Stunden schlief (normalerweise waren ihm sieben Stunden genug), fühlte er sich morgens unausgeschlafen und schlapp und mußte auch Mittagsschlaf halten, weil er dann schon wieder so müde war. Er hatte zu nichts Lust und fühlte sich vom Kopf her antriebslos und leer. Dabei war er mit sich selbst sehr unzufrieden, weil er ja keinen Grund dafür erkennen konnte.

Auf meine Frage, ob er so einen Zustand schon früher kannte, erzählte er, er habe vor zehn Jahren schon einmal so eine Tiefphase durchlebt, und damals habe es zwei Jahre gedauert, bis er wieder in eine Hochphase gekommen sei, und zwar, als er sich neu verliebt habe.

Ich führte ihn lebhaft in die Erinnerung der damaligen „absoluten Hochphase", wo er nur fünf Stunden geschlafen und voll gearbeitet hatte. Trotzdem war er zu dieser Zeit unternehmungslustig, happy und getragen von einem tollen Selbstwertgefühl.

Dieses Hochgefühl stufte er mit 10 ein.

Das aktuelle Gefühl war 0.

Nach der ersten Runde mit:

„Auch wenn ich mich wie ein leerer Akku fühle, liebe..."

war er bei 2.

Bei der zweiten Runde ließ ich ihn klopfen:

„Auch wenn es damals zwei Jahre gedauert hat, bis ich wieder ein Hoch hatte, öffne ich mich für die Möglichkeit, daß es mir jetzt gleich wieder gut gehen kann."

Der Wert stieg auf 3-4 (pulsierend).

Wir änderten den Einstimmungssatz in:

„Auch wenn ich nicht glauben kann, daß EFT mir hilft, entscheide ich mich dafür, meine positiven Veränderungen deutlich wahrzunehmen."

Damit klopfte er drei Durchgänge – und war dann bei 10.

Er konnte es gar nicht fassen, wie gut er sich fühlte. Jetzt klopft er auch bei anderen Gelegenheiten für sich alleine. Er macht wieder ausgedehnte Spaziergänge, hat sich neu eingekleidet und ist voller Lebensfreude. Vor allem ist es für ihn eine unglaubliche Erkenntnis, wie sehr sein Wohlbefinden in seiner eigenen Hand liegt.

7.3 Lernblockade

Eine 30-jährige Frau, die auf dem zweiten Bildungsweg eine Ausbildung zur Computerfachfrau absolvierte, konnte sich nicht überwinden, nach der Schule noch etwas zu lernen, und entsprechend schlecht waren die ersten Prüfungsergebnisse (3-4). Sie war zeitmäßig sehr eingespannt, da sie noch eine dreijährige Tochter hatte, alleinerziehend war, nebenbei in einer Bäckerei arbeitete und sich außerdem noch um ihre kranke Mutter kümmerte. Ihre Ausbildung war ihr aber sehr wichtig, so daß sie selbst nicht verstand, warum sie es einfach nicht schaffte, abends noch zu lernen.

Die Motivation zu lernen war 0, und sie kam zu mir, um diese Unlust zu beheben. Ich ließ sie jeweils mehrere Runden klopfen, wobei ich nach jeder Runde nachfragte, was ihr jetzt bewußt wurde:

„Auch wenn ich keine Lust habe zu lernen, liebe..."

„Auch wenn ich glaube, daß ich mir nichts merken kann, liebe..."

„Auch wenn ich zu kaputt bin, um zu lernen, liebe..."

„Auch wenn ich keine Zeit für mich habe, öffne ich mich für die Möglichkeit, daß mir Lernen Spaß macht und ich das als Zeit für mich empfinde."

Dann kamen keine weiteren Aspekte mehr hoch. Sie konnte aber die Motivation nicht neu einstufen, sondern war einfach nur gespannt, was passieren würde.

Noch am selben Abend holte sie vor dem Schlafengehen ein Schulbuch heraus und las sich den Stoff für den kommenden Tag durch. Ab sofort ging sie nicht mehr schlafen, ohne noch etwas für die Schule gelernt zu haben. Das für sie Überraschendste aber war, daß ihr auch der Stoff, der sie vorher gelangweilt hatte, plötzlich viel interessanter erschien.

Sie fühlt sich auch nicht mehr so gestreßt, und die nächste Note war eine 1!

Sie klopft jetzt auch bei Bedarf selbst vor dem Lernen:

„Auch wenn ich keine Lust zum Lernen habe, entscheide ich mich dafür, mir schnell und leicht alles zu merken."

Ihre Noten liegen jetzt im Schnitt bei 2.

7.4 Aufregung vor Einstellungsgespräch

Ein 39-jähriger Kandidat für eine Führungsposition wurde vom zukünftigen Arbeitgeber durch einige umfangreiche Ausarbeitungen kurz vor dem Einstellungstest zeitlich unter Druck gesetzt. Obwohl er die Aufgaben termingerecht fertigstellen konnte, stellten sich bei ihm massive Kopfschmerzen ein (Streßwert 5).

Ich ließ ihn vier Runden klopfen:

„Auch wenn ich Kopfweh habe, liebe..."

„Auch wenn ich noch dieses restliche Kopfweh habe, liebe..."

Und er kam damit auf 1 herunter. Das war ihm genug, und er wollte nicht mehr weiterklopfen.

Am Tag des Einstellungstests konnte er in den gestellten Aufgaben seine Kompetenz unter Beweis stellen, und es trennte ihn nur noch das abschließende Gespräch mit der Prüfungskommission von seiner Wunschposition.

Er spürte, wie sein Herz zu rasen begann und sich sein Magen verkrampfte. Obwohl er bis jetzt alles so „cool" gemeistert hatte, machte sich nun Aufregung breit. Er erinnerte sich daran, wie gut es mit den Kopfschmerzen funktioniert hatte, und sagte, er müsse sich noch mal die Hände waschen gehen. Auf der Toilette nutzte er die angesetzte Pause von zehn Minuten, um für sich fünf Runden zu klopfen:

„Auch wenn ich diese Stelle nicht bekomme, liebe..."

Danach spürte er, wie sich sein Puls normalisiert, die Magenverkrampfung sich aufgelöst hatte, und so konnte er entspannt in das entscheidende Gespräch gehen. Er hat die Stelle bekommen und mich überglücklich angerufen, um mir die tolle Neuigkeit zu berichten.

8. Ausblick

Sie haben jetzt einen ersten Eindruck, was mit EFT alles möglich ist. Alleine mit der Basis-Klopfroutine werden Sie auch als blutiger Anfänger eine Erfolgsquote von mindestens 50 Prozent erzielen – bei welcher anderer Methode ist das möglich?!

Aber ich würde mich natürlich freuen, wenn ich Sie mit diesem Buch neugierig gemacht habe, mehr über EFT zu erfahren, denn es gibt natürlich noch viele EFT-Formate, die die Erfolgsquote nochmals erheblich steigern können, die aber den Rahmen dieses Einführungsbuches sprengen würden.

So benutzen geübte Anwender oft sogenannte „Shortcuts", d. h. nicht alle Punkte werden geklopft, oder sie lassen die Einstimmung für die Aufhebung der Psychologischen Umkehr oder die 9-Gamut-Folge zum Teil weg.

Wenn man nicht an die zugrundeliegenden Emotionen kommt, kann die „Schlüsselbeinatmung" (Kombination aus Klopfen und Atmen) hilfreich sein.

Es ist auch möglich, für andere Personen (Babys, Kinder, ältere Menschen und sogar Tiere) zu klopfen – das sogenannte „Proxy- oder Stellvertreterklopfen" – und diesen so Erleichterung zu verschaffen.

Um schwere Traumata aufzulösen, eignet sich die „Tearless Trauma Technique" hervorragend, um unnötiges Wiederdurchleiden zu vermeiden.

Außerdem kann EFT auch sehr gut über das Telefon angewandt werden, wenn der Behandelte am anderen Ende die Punkte kennt. So sind Hilfeleistungen auch zeitsparend und über große Entfernungen möglich.

Wenn EFT in Gruppen angewandt wird – was ja bei den wenigsten Therapieformen überhaupt durchführbar ist –, profitieren alle vom sogenannten „Borrowing Benefit". Dieser geborgte Nutzen ergibt sich dadurch, daß ein Teilnehmer sein Problem bearbeitet und alle anderen mit ihm mitklopfen. Erstaunlicherweise klären sich deren Probleme, an die sie vorher gedacht haben, durch dieses Klopfen auch, obwohl es oft ganz andere Themenbereiche sind.

So ist für viele Menschen kostengünstige Hilfe möglich, die die Effektivität herkömmlicher Einzelsitzungen sogar übersteigt.

Da EFT eine sehr junge Methode ist, werden sich im Laufe der Zeit noch viele andere Erkenntnisse zeigen – wie Gary Craig selbst sagt: „We are on the ground of a Healing High Rise". (Wir stehen am Start eines Höhenfluges der Heilkunst.)

Darum besuchen Sie seine Homepage www.emofree.com und nutzen Sie auch den Service seines kostenfreien Newsletters (beides auf

Englisch), den Sie auf jener Seite bestellen können. So bleiben Sie auf aktuellem Stand und lernen viel an verschiedenen Beispielen.

Als deutschsprachige Homepage empfehle ich Ihnen www.emofree.de von Maya deVries.

Literaturverzeichnis

Audiovisuelle Medien

Alle erhältlich über: www.emofree.com

Craig, Gary: The EFT Course [CD]

Craig, Gary: Steps toward becoming The Ultimate Therapist [CD]

Craig, Gary: From EFT to the Palace of Possibilities [CD]

Craig, Gary: EFT Specialty Series 1 [CD]

E-Books

Carrington, Patricia, PhD.: Choices – How To Create In Energy Psychology – A New Approach To EFT And Related Methods, Published by Pace Educational Systems Inc.,
welcome@pcarrington.com
www.eftupdate.com

Carrington, Patricia, PhD.: The Next Step – Making EFT Your Own.Published 2003 by Pace Educational Systems Inc.
welcome@pcarrington.com
www.eftupdate.com

Hartmann, Silvia, PhD: The Advanced Patterns Of EFT, Version 1.0, January 2003. Published by Dragon Rising http://DragonRising.com

Die Autorin

Ramona B. Wagner wurde am 26.09.1966 in Bamberg geboren. Nach ihrem Studium zum Diplom-Ingenieur für Brauwesen und Getränketechnologie in Weihenstephan arbeitete sie acht Jahre in der Führung einer mittelständischen Brauerei.

Da ihr hier die Personalentwicklung besonders am Herzen lag, absolvierte sie berufsbegleitend Ausbildungen zur Fachtrainerin für den Managementbereich, Fachtherapeutin für Psychotherapie HP, Hypnosetherapeutin, NLP-Trainerin und Reiki-Meisterin. Während dieser Zeit erkannte sie, daß sie Ihre Kenntnisse an viel mehr Menschen weitergeben wollte und änderte ihr berufliches Betätigungsfeld komplett. Seit 1999 ist sie in ihrer eigenen Coachingpraxis tätig und arbeitet unter anderem mit Bachblüten, Psycho-Kinesiologie, Be Set Free Fast (BSFF) und EFT.

Sie bietet Seminare, Einzel- und Gruppencoachings an.

„Probieren Sie EFT mit den verschiedensten ‚Problemen' aus und bleiben Sie hartnäckig. Ich würde mich sehr freuen, wenn Sie Ihre Erfahrungen mit mir teilen würden. Schreiben Sie mir bitte, wenn Sie dazu Lust haben. Das gleiche gilt für Fragen, Anregungen und Wünsche. Es kann sein, daß es einige Wochen dauert, aber ich werde Ihnen auf jeden Fall persönlich antworten."

Kontaktadresse:

Ramona B. Wagner
Königsberger Str. 14
91207 Lauf

Tel.: 09123 - 98 40 25
E-Mail: info@emotionalfreedom.de
Homepage: www@emotionalfreedom.de

Ω Weitere Bücher aus dem Omega-Verlag

Bärbel Mohr

Der kosmische Bestellservice

Eine Anleitung zur Reaktivierung von Wundern

224 S., gebunden, € 15,30 [D] • SFr 27,70
ISBN 3-930243-15-6

In diesem Buch vertieft die Autorin die nötigen Voraussetzungen zur Wunscherfüllung. In ihrem unnachahmlichen frech-fröhlichen, humorvollen Stil berichtet sie von den neuesten Bestellerfolgen, analysiert aber auch Mißerfolge und legt weitere Kriterien dar, die es im Umgang mit dem „kosmischen Bestellservice" zu beachten gilt. Außerdem hilft sie dem Leser, tiefverwurzelte Bedenken und Zweifel auszuräumen, die erfolgreiches Bestellen behindern können. Ferner vermittelt sie eine Reihe extrem einfacher, aber wirksamer Rezepte zur Gestaltung der eigenen Realität und zur Reaktivierung von Wundern, die das Leben insgesamt leichter, erfüllter und fröhlicher machen. Zahlreiche zum Teil schier unglaubliche wahre Geschichten tragen zur idealen Grundschwingung für erfolgreiches Bestellen bei. *Ein hoch motivierender Lesespaß für Neueinsteiger und Fortgeschrittene!*

Bärbel Mohr

Universum & Co.

Kosmische Kicks für mehr Spaß im Beruf

224 S., gebunden, € 15,30 [D] • SFr 27,70
ISBN 3-930243-18-0

Für viele Menschen gehört die Arbeit nicht zum „richtigen" Leben. Letzteres fängt für sie erst nach Feierabend an oder findet in den wenigen Wochen Urlaub statt. Bärbel Mohr zeigt, wie man auch am Arbeitsplatz ein freudvolles, erfülltes Leben führen kann. Sie stellt Menschen vor, die sich „den kosmischen Bestellservice" im Berufsleben zunutze machen und ihre Arbeit dadurch leichter und vergnüglicher gestalten. Andere Beispiele handeln davon, wie man sich beim Universum erfolgreich den idealen Job bestellt. Darüber hinaus hält die Autorin wertvolle Tips für Arbeitslose, frustrierte Angestellte oder krisengeschüttelte Unternehmer bereit. Auch auf Geld und unsere Einstellung dazu geht die Autorin ein, und sie zeigt Wege auf, wie man vom Mangeldenken zu einem Bewußtsein der Fülle gelangt. *Viele inspirierende und unterhaltsame Geschichten sorgen wie immer bei Bärbel Mohr für höchsten Lesegenuß.*

Zu beziehen in jeder guten Buchhandlung
oder bequem und schnell direkt bei uns

Omega®-Verlag G. Bongart & M. Meier (GbR)
Karlstr. 32 D-52080 Aachen
Tel.: 0241-16 81 630 • Fax: 0241-16 81 633
e-mail: info@omega-verlag.de http://www.omega-verlag.de

Fordern Sie auch unser kostenloses Verlagsverzeichnis an!

Weitere Bücher aus dem Omega-Verlag

Michael H. Buchholz

Alles was du willst

Die Universellen Erwerbsregeln für ein erfülltes Leben

mit Vorwort von Vera F. Birkenbihl,

240 S., gebunden, € 15,30 [D] • SFr 27,70
ISBN 3-930243-19-9

Alles was du willst ist bereits vorhanden, behauptet der Persönlichkeitstrainer Michael H. Buchholz. Du mußt es dir nur erwerben. Dabei geht es um so viel mehr als nur um Geld – nämlich um Gesundheit, Wohlstand, Glück und Erfolg – kurz: um (d)ein erfülltes Leben.
Ein erfülltes Leben aber ist immer auch ein Leben in Fülle. Und wie du diese Fülle, den Schatz am Ende des Regenbogens, erwerben kannst, zeigen die „Universellen Erwerbsregeln".
Diese „Universellen Erwerbsregeln" gelten immer: Sie prägen stets deine augenblickliche Situation und formen deine Realität. Folgst du ihnen, so bringen sie dich deiner wahren Lebensaufgabe näher und offenbaren dir zugleich die immense Kraft, die in deinen eigenen Erwartungen verborgen ist. Denn: „Was wir erwarten, werden wir finden", wußte schon Aristoteles.

Michael H. Buchholz

Tu was du willst

Die Universellen Einsichten für ein erfülltes Leben

250 S., gebunden, € 15,30 [D] • SFr 27,70
ISBN 3-930243-27-X

Nach dem erfolgreichen ersten Buch *Alles was du willst* ist *Tu was du willst* der nächste Schritt auf dem Weg zu einem erfüllten Leben. Dabei handelt es sich um ein Lebensprinzip, das dem Leser hilft, seine Persönliche Lebensaufgabe (kurz Perle) zu finden und zu erfüllen – zum Wohle aller und mit Respekt gegenüber allen Lebewesen.
Vermittelt wird dieses Prinzip in 24 Universellen Einsichten. Wesentliche Kernsätze der dahinter stehenden Philosophie sind z. B.: Jeder erschafft sich seine Realität selbst oder: Es gibt keine Zufälle, folglich hat alles im Leben einen Sinn.
Der Autor selbst sagt zum vorliegenden Werk: „Das, was du am meisten magst, ist das, was du am besten vermagst. Kurz: Jedes Vermögen (ein Künstlerisches, ein Intellektuelles, ein Handwerkliches, auch ein finanzielles Vermögen) kommt von deinem Mögen. Und was unserem Wesen entspricht, mögen wir am meisten. Tu was du willst meint daher: Tu, was dir wesensgemäß ist. Darauf wartet das Universum. Denn nur darum bist du hier."

Zu beziehen in jeder guten Buchhandlung
oder bequem und schnell direkt bei uns

Omega®-Verlag G. Bongart & M. Meier (GbR)

Karlstr. 32 D-52080 Aachen
Tel.: 0241-16 81 630 • Fax: 0241-16 81 633
e-mail: info@omega-verlag.de http://www.omega-verlag.de

Fordern Sie auch unser kostenloses Verlagsverzeichnis an!

Ramona B. Wagner

EFT – Emotionale Freiheit